保育現場のための
音楽表現&弾きうたい

動きのイメージが広がる

武石宣子　編著

KYODO-MUSIC

目　次

一　部

◇──── マーチ

選曲：武石宣子

		☆ 初級　　☆☆ 中級　　☆☆☆ 上級	
1. ゆかいに歩けば	ミューラー	☆	8
2. 線路は続くよどこまでも	アメリカ民謡	☆	9
3. 闘牛士の歌	ビゼー	☆	10
4. おんまははしる	アメリカ民謡	☆	11
5. スワニー河	フォスター	☆	12
6. ドレミの歌	ロジャース	☆☆	13
7. 狩人の合唱	ウェーバー	☆☆	14
8. おもちゃの兵隊の行進	イエッセル	☆☆	16
9. 行進曲（くるみ割り人形より）	チャイコフスキー	☆☆	18
10. 二列にならんで	ランゲ	☆☆	20
11. 百年祭マーチ	外国曲	☆☆☆	22
12. 凱旋行進曲	ヴェルディ	☆☆☆	24
13. 軍隊行進曲	シューベルト	☆☆☆	26

◆──── リズム

♪ スキップしてみよう

1. 楽しくスキップ	武石宣子	☆☆	28
2. ユーモレスク	ストリーボッグ	☆☆☆	29

♪ ゆっくり歩いてみよう

3. 主よ人の望みの喜びよ	バッハ	☆☆☆	30
4. ライオンの行進	サン゠サーンス	☆	32

♪ 走ってみよう

5. ヤンキー・ドゥードゥル	アメリカ民謡	☆	33
6. 走れ！ラビット	ストリーボッグ	☆☆	34
7. 天国と地獄	オッフェンバック	☆☆☆	36

♪ ゆれてみよう

8. 私のお気に入り	ロジャース	☆☆	38
9. 花のワルツ	チャイコフスキー	☆☆☆	40
10. エーデルワイス	ロジャース	☆	42

◇──── アニメを弾こう

1. となりのトトロ	久石　譲	☆☆☆	43
となりのトトロ〜ねこバス〜さんぽ			

二 部

◆──── 動きのためのイメージ音楽 　　　　　　　　　　　　　　作曲：武石宣子

1. プロムナード（森の中で楽しく遊ぶ） ------------------------------------ 48

2. プロムナード（赤ずきんちゃんのテーマ曲） ---------------------------- 49

3. 鬼ごっこ -- 50

4. そよ風 -- 51

5. 大あらし -- 52

6. 未来の国 -- 53

7. 静かにお昼寝 -- 54

8. 舞 踏 会 -- 55

9. 雪の降る寒い日 -- 56

10. 魔法の鏡 --- 57

11. 子 守 唄 --- 58

12. いろいろな歩き方の音楽 -- 59

　　　　a. 4分音符（♩）の音楽

　　　　b. 8分音符（♪）の音楽

　　　　c. 2分音符（♩）の音楽

13. スキップ電車ごっこ -- 60

14. リズムにのってボールを投げたりついたり ---------------------------- 61

　　　　その1　投げて取って

　　　　その2　ついて取って

◆──── 動きのための効果音 　　　　　　　　　　　　　　　　　作曲：武石宣子

1. ドレミ体操（伴奏型 その1） --- 62

2. ドレミ体操（伴奏型 その2） --- 63

3. おおかみ登場 -- 64

4. のこぎりザメ大あばれ -- 64

5. 怪獣あらわれる -- 64

6. びっくり音 -- 65

7. 変身のメロディー A B --- 65

8. 忍者壁にそって忍び足 -- 66

　　　　その1（ゆっくり）＝ ♩〈2分音符〉

　　　　その2（ふつう）　＝ ♩〈4分音符〉

　　　　その3（はやく）　＝ ♪〈8分音符〉

9. ゼンマイ人形 -- 66

　　　　その1（ゼンマイを捲く）

　　　　その2（ゼンマイ人形楽しく動く）

◆──── 即興（Improvisation）音楽の素材
　　　 ―和声学的連結による音進行以外による―
　　　　　　　　　　　　　　　　　　　　　　　　　　　　　アイディア収集：武石宣子

（1）　全音音階 -- 67
（2）　五音音階（黒鍵のみによる音階）-- 67
（3）　グリッサンド（glissando）-- 67
（4）　減七の和音 -- 67
（5）　七の和音 -- 67
（6）　半音音階 -- 68
（7）　白鍵二音列 -- 68
（8）　教会旋法（ドリア調、フリギア調、リディア調、ミクソリディア調、エオリア調）---------- 68
　　　　その1ⓐ（ドリア調）レ〜レ　その1ⓑ（ド・ドリア調）ド〜ド
　　　　その2ⓐ（フリギア調）ミ〜ミ　その2ⓑ（ド・フリギア調）ド〜ド
　　　　その3ⓐ（リディア調）ファ〜ファ　その3ⓑ（ド・リディア調）ド〜ド
　　　　その4ⓐ（ミクソリディア調）ソ〜ソ　その4ⓑ（ド・ミクソリディア調）ド〜ド
　　　　その5ⓐ（エオリア調）ラ〜ラ　その5ⓑ（ド・エオリア調）ド〜ド
（9）　ジプシー音階 -- 69
（10）メシアン音階 --- 69
（11）日本音階（都節、律、民謡、沖縄）--- 69
　　　　その1（都節）
　　　　その2（律）
　　　　その3（民謡）
　　　　その4（沖縄）
　　　　都節、律、民謡、沖縄　4種の構造
（12）長7度、短2度の組合せ（現代音楽の導入）--------------------------------- 70
（13）合成リズム --- 70
　　　　その1（2：3及び3：2の複リズム）
　　　　その2（3：4及び4：3の複リズム）
（14）倍加と半減（サンタクロース　水田詩仙 作詞／フランス民謡）----------------- 71
（15）カノン（虫の声　岡本敏明 訳詞／イギリス曲）--------------------------------- 72
（16）拍子変換 -- 72
（17）補足リズム -- 72
（18）音階によるカノン、補足リズム、拍子変換の応用（声とクラップ）--------------- 73
（19）ビートの変化を体得 -- 74
　　　　その1（アクセントをオノマトペを伴ってクラップで表現）＜Ⅰ Ⅱ Ⅲ Ⅳ：4人の複リズム＞
　　　　その2（ビートの増減を全身で表現）＜各自あらゆる空間を使って＞

三　部

◇——　やさしい弾きうたい教材　　　　　　　　　　　　　　編曲：武石宣子

	作　詞	作　曲	
1. ぶんぶんぶん	村野　史郎 訳	ボヘミア民謡	76
2. ちょうちょう	野村秋足 / 稲垣千穎	スペイン民謡	76
3. チューリップ	近藤　宮子	井上　武士	77
4. メリさんのひつじ	高田三九三	アメリカ民謡	77
5. たなばたさま	権藤はなよ / 林 柳波	下総　皖一	78
6. 大きなくりの木の下で	阪田　寛夫	アメリカ民謡	78
7. おかえりのうた	天野　蝶	一宮　道子	79
8. おべんとう	天野　蝶	一宮　道子	80
9. どんぐりころころ	青木　存義	梁田　貞	81
10. かえるの合唱（その1）	岡本　敏明	ドイツ民謡	81
11. かえるの合唱（その2）〈カノン〉	岡本　敏明	ドイツ民謡	82
12. とんぼのめがね	額賀　誠志	平井康三郎	82
13. あめふりくまのこ	鶴見　正夫	湯山　昭	83
14. 大きなたいこ	小林　純一	中田　喜直	83
15. たき火	巽　聖歌	渡辺　茂	84
16. おつかいありさん	関根　栄一	團　伊玖磨	84
17. 森のくまさん	馬場　祥弘 訳	アメリカ民謡	85
18. サッちゃん	阪田　寛夫	大中　恩	86
19. 思い出のアルバム	増子　とし	本多　鉄麿	87
20. 大きな古時計	保富　庚午 訳	ワーク	88
21. 小鳥のうた	与田　準	芥川也寸志	89
22. 一年生になったら	まどみちお	山本　直純	90
23. 山のワルツ	香山　美子	湯山　昭	91
24. とけいのうた	筒井　敬介	村上　太朗	92

はじめに

　乳幼児期における、伸びる可能性を大切にした音楽的環境は重要です。本書は、乳幼児期の保育現場にかかわる幼稚園教諭・保育士ならびに保育者養成学生のテキストとして用いることを念頭に、三部構成でまとめました。

　一部の「マーチ」、「リズム」、「アニメを弾こう」では、様々な時代、色々なジャンルの曲から幅広く選曲してあります。

　二部の「動きのためのイメージ音楽」、「動きのための効果音」、「即興 (Improvisation) 音楽の素材 ―和声学的連結による音進行以外による―」では、本書の使用者が音楽の技能・技術や音組織を意識せずに、鍵盤楽器で自由に表現できるよう工夫しました。

　三部の「やさしい弾きうたい教材」では、初心者でもたやすく伴奏できるよう、シンプルな和音設定を優先しました。

　本書を手に取る幼稚園教諭・保育士ならびに保育者養成学生が、負担感・苦手感なく楽しく音楽を学び、音楽でコミュニケーションできるよう期待しています。また本書を使用することにより、乳幼児と共に音楽を楽しみ、乳幼児の内に秘める表現能力を、充分引き出す豊かな援助者になることも、同時に期待しています。

　最後に本書の出版を快くお引き受け下さった株式会社共同音楽出版社社長豊田治男氏に厚く御礼申し上げます。

　2018 年 3 月

武石　宣子

一　　部

◇── マーチ
◆── リズム
◇── アニメを弾こう

「マーチ」では、行進（歩く）に合わせることの出来る曲を幅広く選曲しました。

「リズム」では、動きのイメージが広がるように、"スキップしてみよう""ゆっくり歩いてみよう""走ってみよう""ゆれてみよう"の４つの動きに合わせて選曲しました。

「アニメを弾こう」では、"となりのトトロ〜ねこバス〜さんぽ"を選曲しました。

選曲にあたり第一に「誰でも聞いた事のある親しみやすい曲」、「クラッシックの名曲の美しいメロディを易しく弾ける工夫」等を考慮しました。難易度がわかるよう「☆初級」、「☆☆中級」、「☆☆☆上級」に分類しました。

そして、乳幼児期の音感、リズム感を育むため、また日々の保育現場での音楽表現を支えるためにもふさわしい、楽しい曲の数々を集めました。

ゆかいに歩けば ☆

ミューラー 作曲

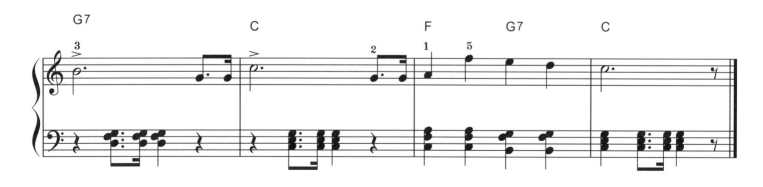

THE HAPPY WANDERER
Words by Florenz Siegesmund and Antonia Ridge
Music by Friedrich Wilhelm Moeller
© by BOSWORTH & CO., LTD.
Permission granted by Shinko Music Publishing Co., Ltd.
Authorized for sale in Japan only.

おんまははしる ☆

アメリカ民謡

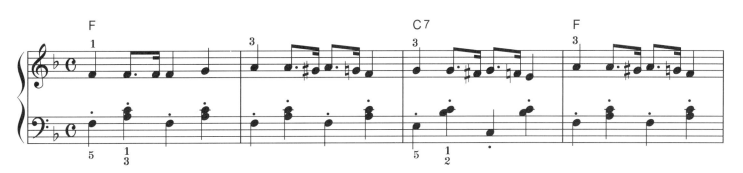

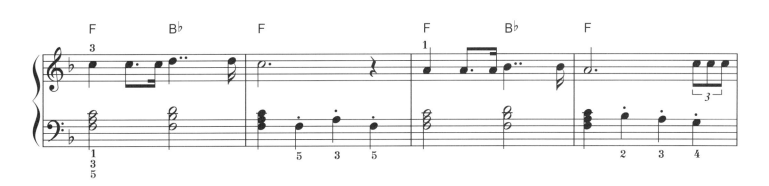

◇──マーチ 13

ドレミの歌 ☆☆

ロジャース 作曲

マーチ

おもちゃの兵隊の行進 ☆☆

イエッセル　作曲

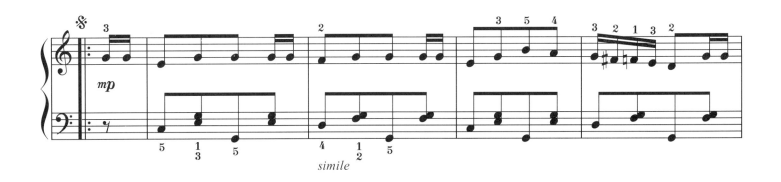

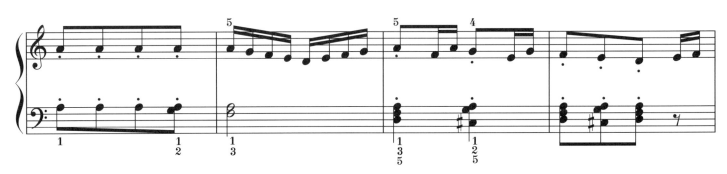

◇──マーチ 17

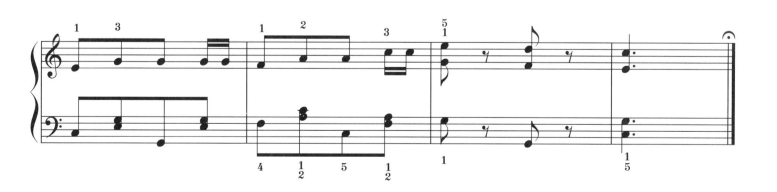

行進曲 ☆☆
(くるみ割り人形より)

チャイコフスキー 作曲

二列にならんで ☆☆
ランゲ 作曲

百年祭マーチ ☆☆☆

外国曲

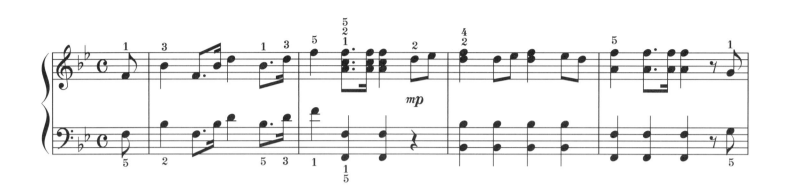

◇――マーチ 23

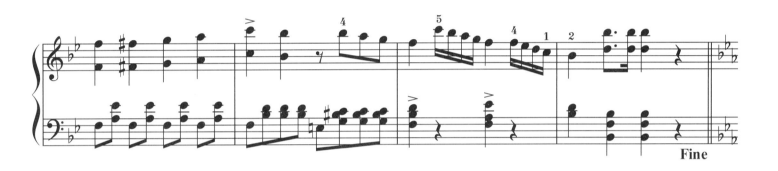

Fine

D.C. al Fine

28 ◆——— リズム
♪ スキップしてみよう

楽しくスキップ ☆☆

武石宣子　作曲

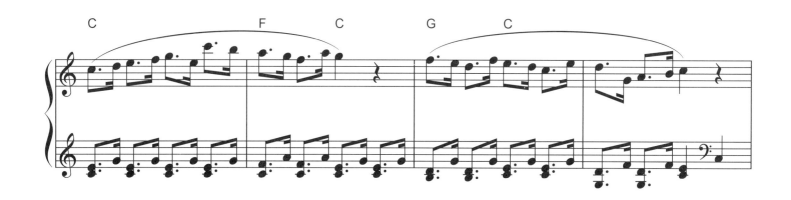

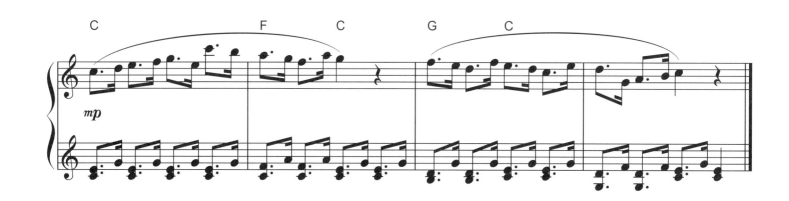

◆──リズム 29
♪ スキップしてみよう

ユーモレスク ☆☆☆

ストリーボッグ　作曲

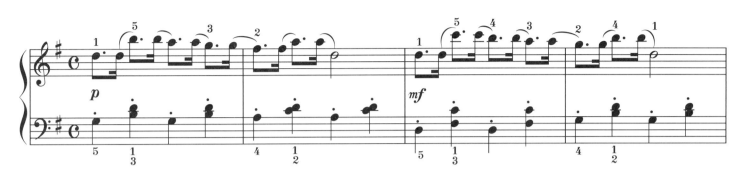

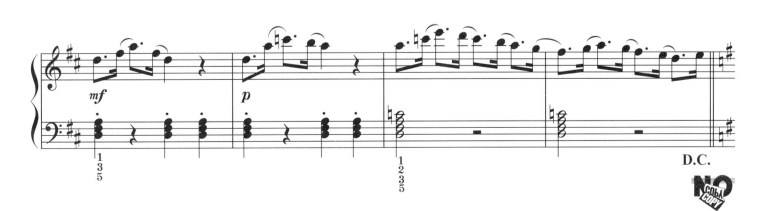

30 ◆──リズム
♪ゆっくり歩いてみよう

主よ人の望みの喜びよ ☆☆☆

バッハ 作曲

◆──リズム 31
♪ゆっくり歩いてみよう

32 ◆――― リズム
♪ ゆっくり歩いてみよう

ライオンの行進 ☆

サン=サーンス 作曲

左手のリズムを変えてペダルも使ってみましょう！

◆――― リズム 33
♪ 走ってみよう

ヤンキー・ドゥードゥル ☆

アメリカ民謡

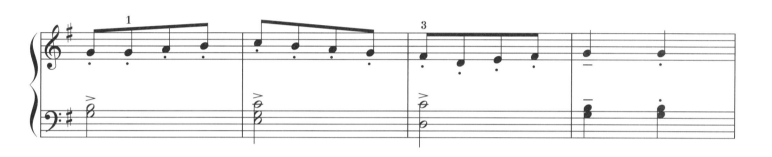
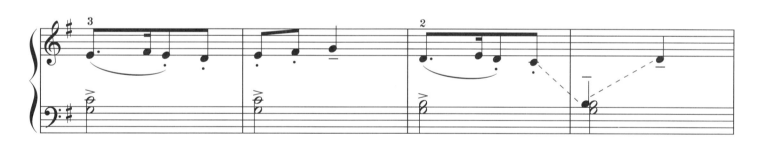

走れ！ラビット ☆☆

♦──リズム
♪走ってみよう

ストリーボッグ　作曲

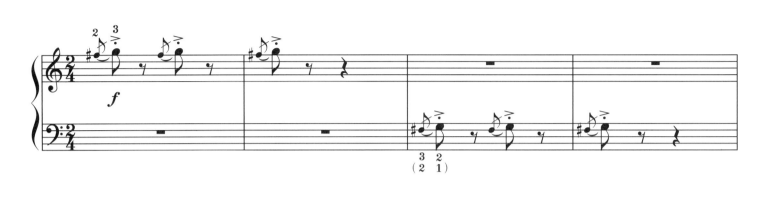

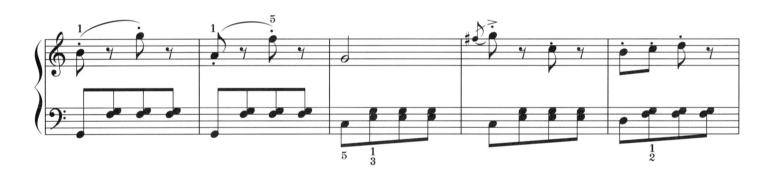

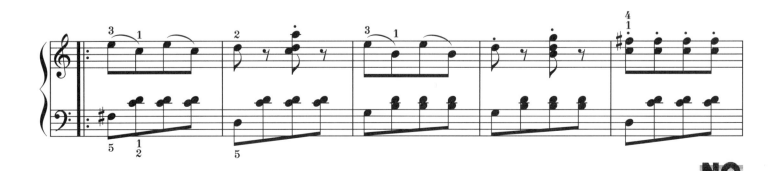

♦━━ リズム 35
♪ 走ってみよう

36 ◆──リズム
♪走ってみよう

天国と地獄 ☆☆☆

オッフェンバック 作曲

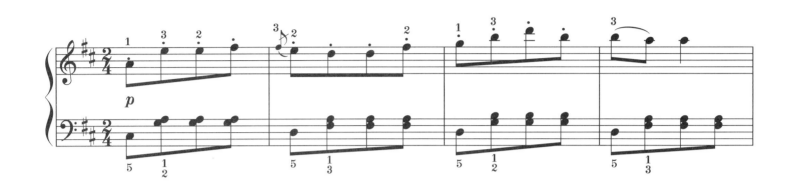
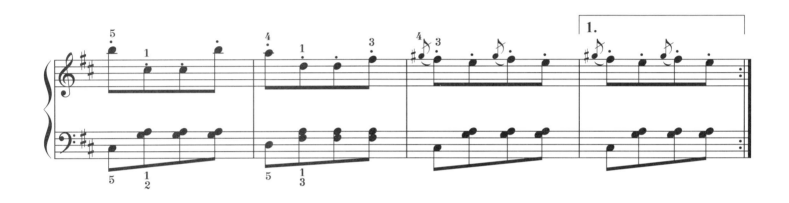

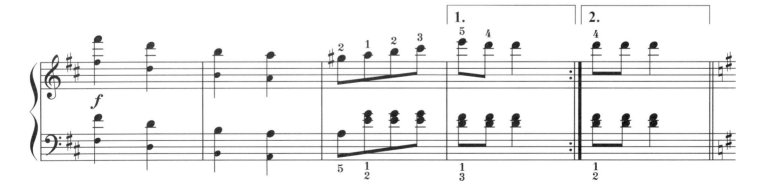

◆──リズム 37
♪走ってみよう

38 ◆――― リズム
♪ ゆれてみよう

私のお気に入り ☆☆

ロジャース 作曲

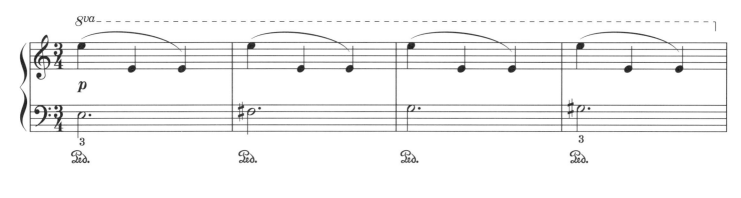

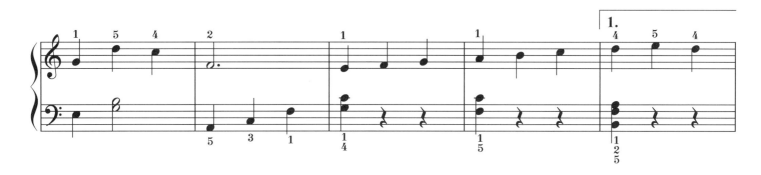
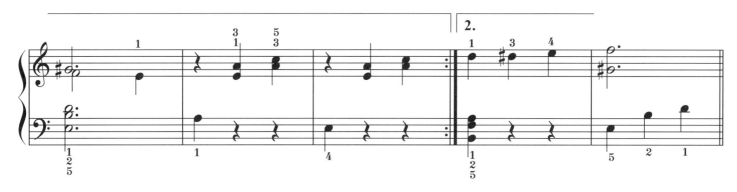

MY FAVORITE THINGS
Lyrics by Oscar Hammerstein II
Music by Richard Rodgers

©1959 by Richard Rodgers and Oscar Hammerstein II
Copyright Renewed
WILLIAMSON MUSIC owner of publication and allied rights throughout the world
International Copyright Secured All Rights Reserved

◆──リズム 39
♪ゆれてみよう

◆──リズム 41
♪ゆれてみよう

42 ◆——リズム
♪ゆれてみよう

エーデルワイス ☆

ロジャース 作曲

EDELWEISS
Lyrics by Oscar Hammerstein II
Music by Richard Rodgers

©1959 by Richard Rodgers and Oscar Hammerstein II
Copyright Renewed
WILLIAMSON MUSIC owner of publication and allied rights throughout the world
International Copyright Secured All Rights Reserved

アニメを弾こう 45

46　◇──　アニメを弾こう

さんぽ

二　部

◆──　動きのためのイメージ音楽
◇──　動きのための効果音
◆──　即興 (Improvisation) 音楽の素材
　　　　―和声学的連結による音進行以外による―

　「動きのためのイメージ音楽」では、日々保育現場で、繰り返される乳幼児の何気ない姿を見ながら、その動きに音楽が自然に溶け込み、音楽で身体活動を励まし、音楽と共にコミュニケーションする光景を想像し作曲しました。また絵本や紙芝居を読む時、音楽と一緒に共演することができたなら、見る者・演じる者共に大きな喜びが得られると考えました。

　「動きのための効果音」では、効果音を聴く耳が重要で、音が聴覚を通し神経組織を媒介に脳に直接働きかけ、感覚機能の高まりに影響を及ぼすことを意識し作曲しました。動きに効果音を伴うのではなく、効果音を聴きそれに反応し表現活動する、そのことは創造力であり、新しい発見でもあります。乳幼児期の伸びる可能性には効果的であり重要なことです。

　「即興 (Improvisation) 音楽の素材 ―和声学的連結による音進行以外による―」では、19項目の音楽の素材を収集しました。本来、即興を行うには、優れた和声学的な理論・表現技術その他が要求されます。しかし、保育現場にかかわる幼稚園教諭・保育士ならびに保育者養成学生を対象とした本書では、初心者でもたやすく取り組めるよう、新しいアイディアを提示しました。これは、音楽の素材の提示であり、本書を使用する者が、素材を自身の能力に合わせ創造によって、新しい方法として生み出さなくてはなりません。援助者自身が創造的であり、人間性豊かでなくては、乳幼児に創造性や豊かな人間性を育てることはできません。乳幼児の心に感動となって残るような、保育現場での展開を期待します。

　尚、「動きのためのイメージ音楽」、「動きのための効果音」で作曲した主な曲にはアレンジできるようコードネームを付けました。

プロムナード（森の中で楽しく遊ぶ）

武石宣子　作曲

プロムナード（赤ずきんちゃんのテーマ曲）

武石宣子　作曲

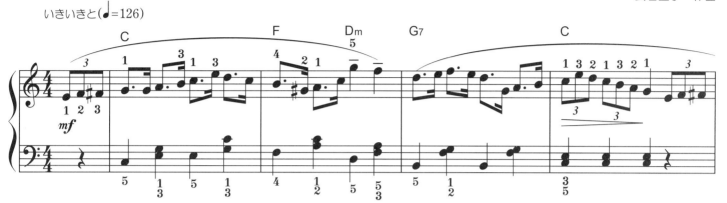
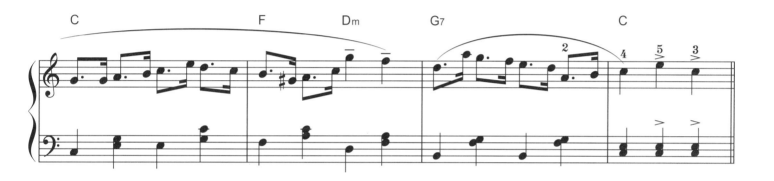
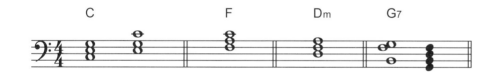

鬼ごっこ

武石宣子　作曲

はぎれよく、はやく (♩=138)

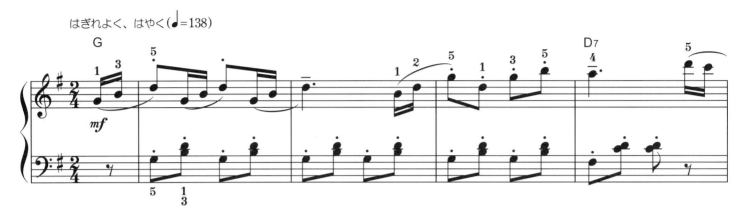
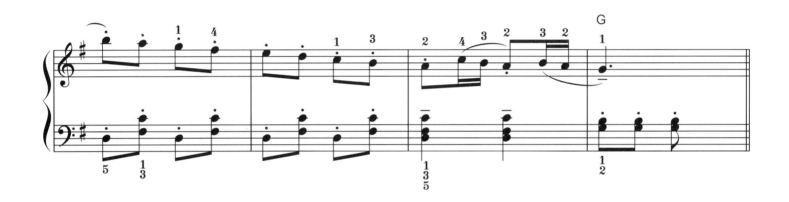

そよ風

武石宣子　作曲

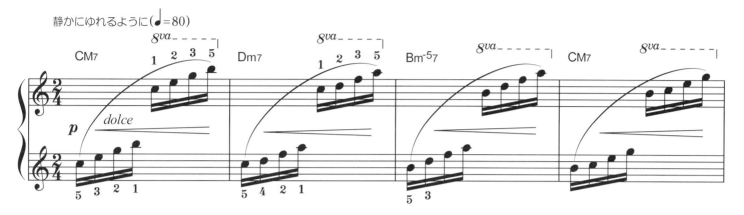
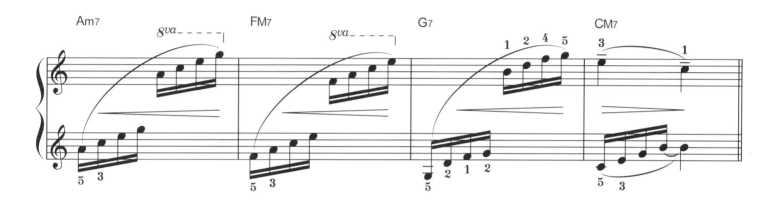
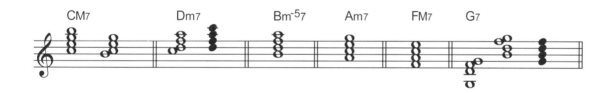

大あらし

武石宣子　作曲

はげしく (♩=50)

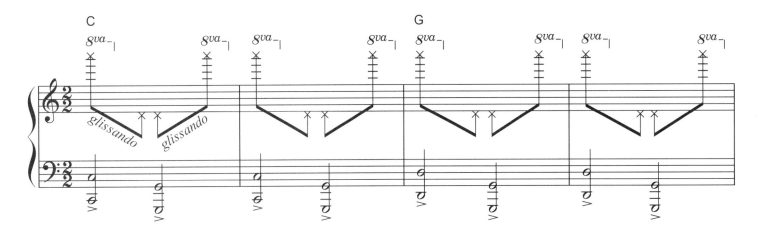
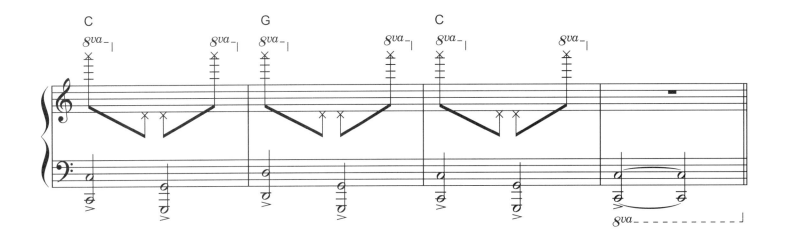
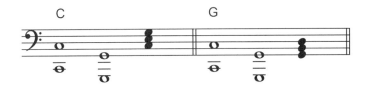
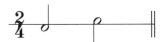

未来の国

武石宣子 作曲

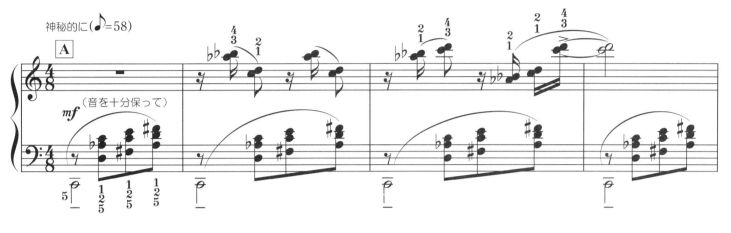
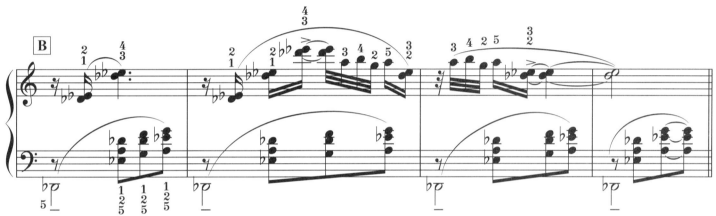

全音音階 A 全音音階 B

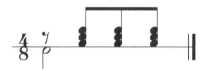

静かにお昼寝

武石宣子　作曲

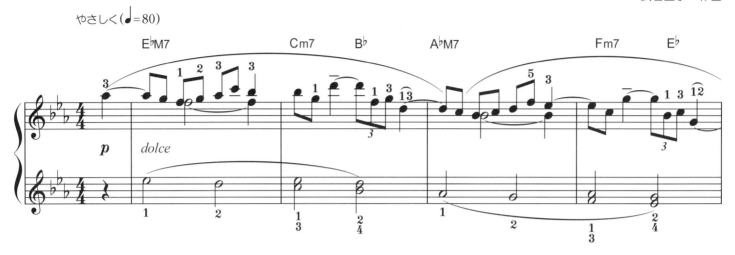
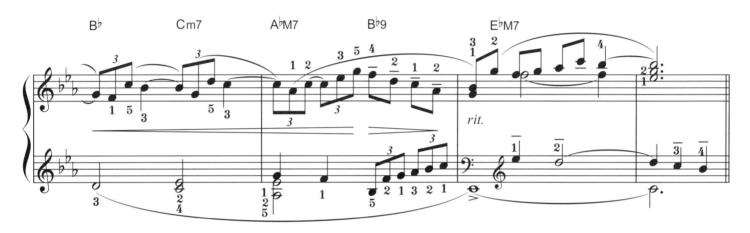
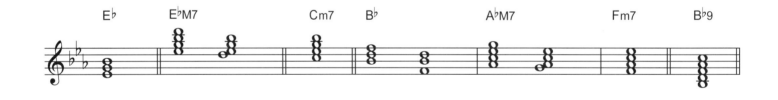

舞踏会

雪の降る寒い日

武石宣子　作曲

しんしんと (♩=76)

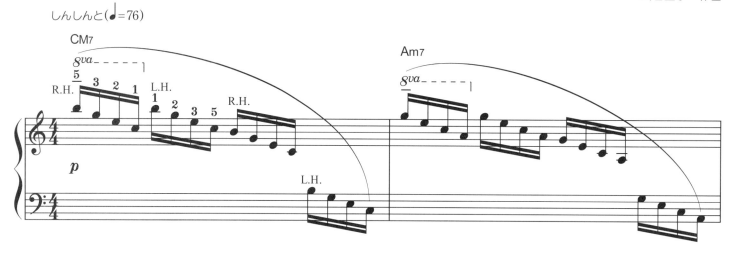
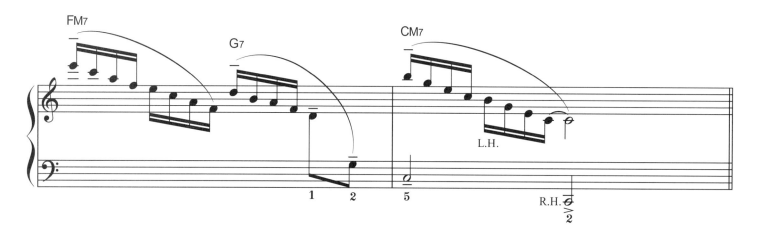
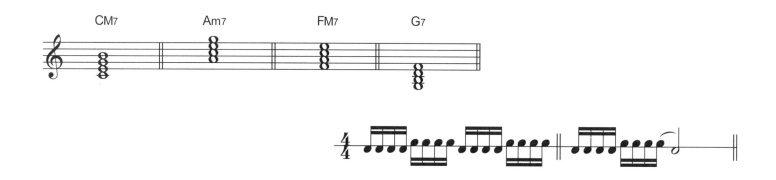

魔法の鏡

武石宣子　作曲

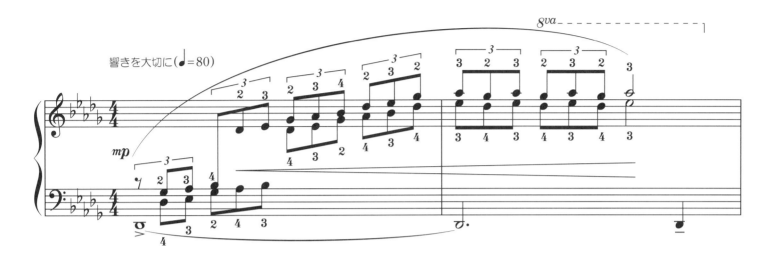

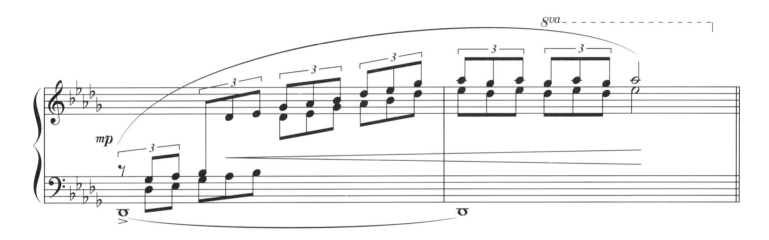

五音音階

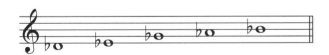

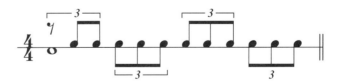

子守唄

武石宣子　作曲

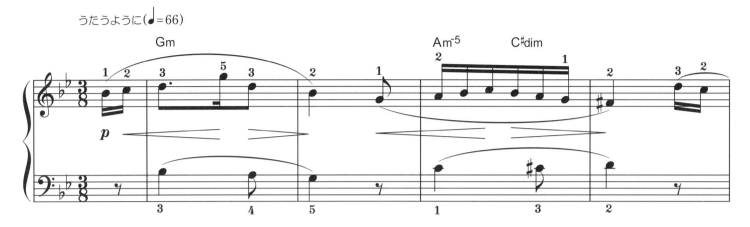
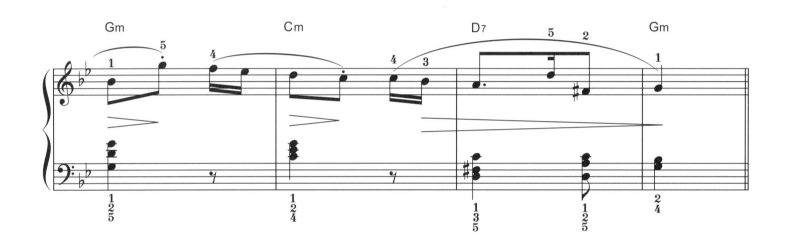
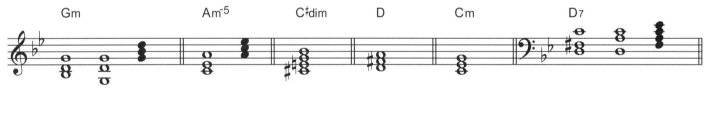

スキップ電車ごっこ

武石宣子　作曲

ドレミ体操（伴奏型その１）

武石宣子　作曲

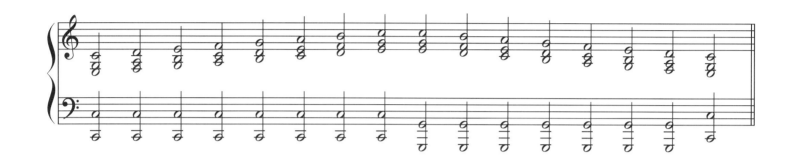

(2)  のリズムで演行すると

ドレミ体操（伴奏型その２）

武石宣子　作曲

　のリズムで演行すると

おおかみ登場

武石宣子　作曲

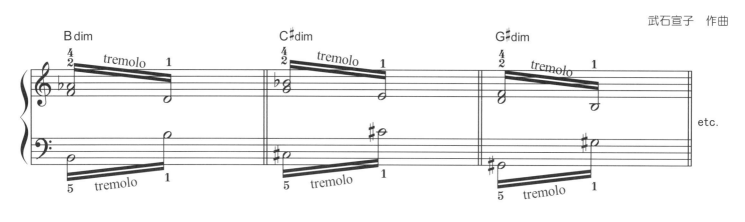

のこぎりザメ大あばれ

武石宣子　作曲

怪獣あらわれる

武石宣子　作曲

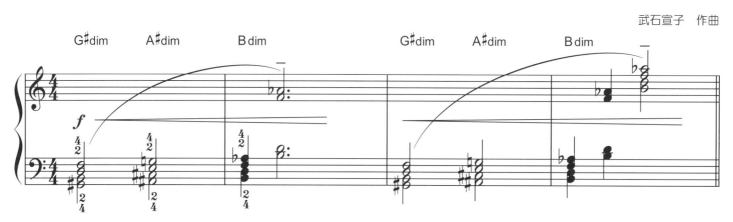

びっくり音

武石宣子　作曲

変身のメロディー

武石宣子　作曲

忍者壁にそって忍び足

武石宣子　作曲

その1（ゆっくり）= 𝅗𝅥 ＜2分音符＞

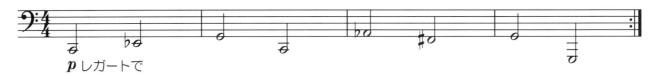

その2（ふつう）= ♩ ＜4分音符＞

その3（はやく）= ♪ ＜8分音符＞

ゼンマイ人形

武石宣子　作曲

その1（ゼンマイを捲く）

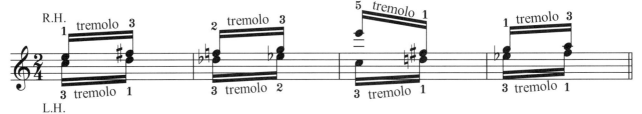

その2（ゼンマイ人形楽しく動く）

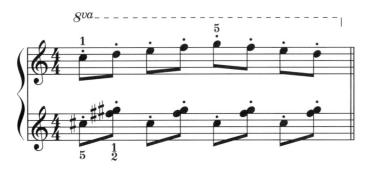

右手白鍵、左手黒鍵の混合音
リタルダンド及びアッチェレランドの
テンポ変化を組み入れる。

即興（Improvisation）音楽の素材
―和声学的連結による音進行以外による―

アイディア収集：武石宣子

（1）全音音階

（2）五音音階（黒鍵のみによる音階）

（3）グリッサンド（glissando）

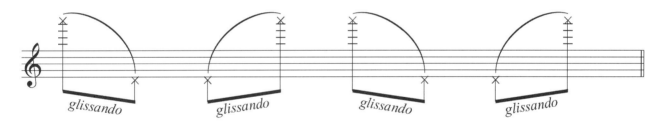

（4）減七の和音

（5）七の和音

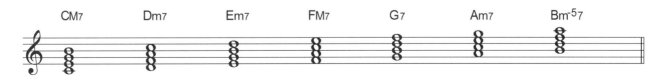

（6）半音音階

（7）白鍵二音列

（8）教会旋法（ドリア調、フリギア調、リディア調、ミクソリディア調、エオリア調）

その1ⓐ（ドリア調）レ〜レ　　　　その1ⓑ（ド・ドリア調）ド〜ド

その2ⓐ（フリギア調）ミ〜ミ　　　その2ⓑ（ド・フリギア調）ド〜ド

その3ⓐ（リディア調）ファ〜ファ　その3ⓑ（ド・リディア調）ド〜ド

その4ⓐ（ミクソリディア調）ソ〜ソ　その4ⓑ（ド・ミクソリディア調）ド〜ド

その5ⓐ（エオリア調）ラ〜ラ　　　その5ⓑ（ド・エオリア調）ド〜ド

(9) ジプシー音階

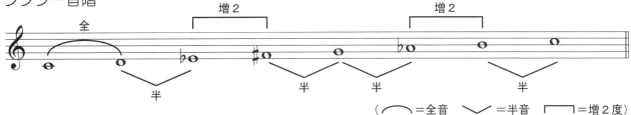

(10) メシアン音階

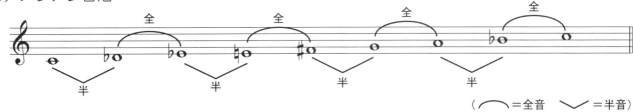

(11) 日本音階（都節、律、民謡、沖縄）

その1（都節）

その2（律）

その3（民謡）

その4（沖縄）

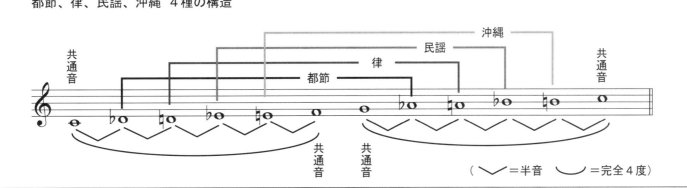

（12）長7度、短2度の組合せ（現代音楽の導入）

（13）合成リズム

その1（2：3 及び 3：2の複リズム）

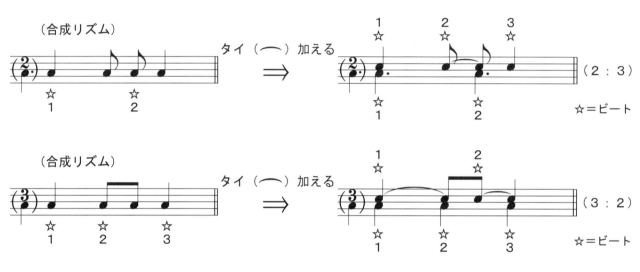

その2（3：4 及び 4：3の複リズム）

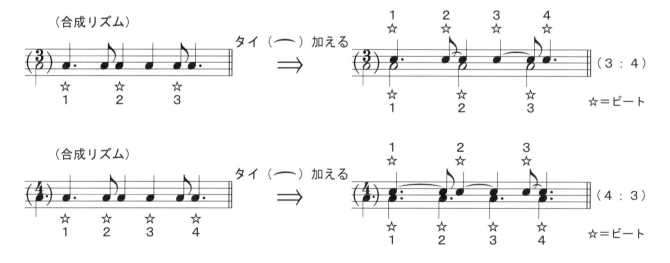

合成リズム：異なるビートが組み合わされた時に合成されるリズム

（14）倍加と半減（サンタクロース　水田詩仙 作詞 / フランス民謡）

倍　加：本来の2倍遅くしたテンポ。（ビートの単位を2倍遅くする。）
半　減：本来の2倍速くしたテンポ。（ビートの単位を2倍速くする。）
ビート：速さを決める単位となる音符の数え方。

（15）カノン（虫の声　岡本敏明 訳詞 / イギリス曲）

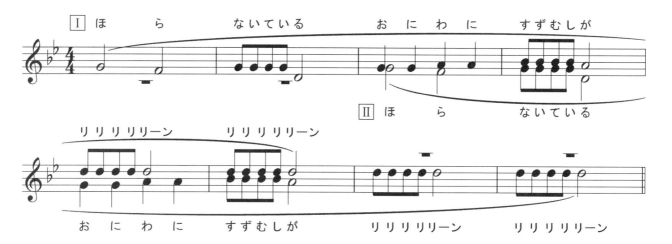

（16）拍子変換

（17）補足リズム

補足リズム：組み合わされるリズムから基本リズムと重なる部分を省き、残ったリズムが補足リズム。合奏等のアレンジに使用すると効果的。

（18）音階によるカノン、補足リズム、拍子変換の応用（声とクラップ）

74 ◆ 即興音楽の素材

（19）ビートの変化を体得

その1（アクセントをオノマトペを伴ってクラップで表現）＜ⅠⅡⅢⅣ：4人の複リズム＞

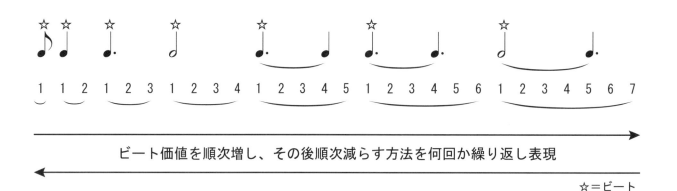

その2（ビートの増減を全身で表現）＜各自あらゆる空間を使って＞

ビート価値を順次増し、その後順次減らす方法を何回か繰り返し表現

☆＝ビート

三　　部

◇── 　やさしい弾きうたい教材

　「やさしい弾きうたい教材」では、24 の子どものうたを選曲しました。「生活の
うた」、「自然のうた」、「行事のうた」、「動・植物のうた」、「遊びのうた」等から、
親しまれているうたを中心に選曲しました。

　弾きうたいは、歌をうたうことが最も重要で、そのことが中心になります。幼稚
園教諭・保育士ならびに保育者養成学生のために、やさしい伴奏に編曲し、ピアノ
初心者のテクニックでも充分弾きうたいできるレベルになるよう心がけました。本
書を手に取る者が、負担感・苦手感なく楽しく弾きうたいできるよう、そして音楽
でコミュニケーションできるよう工夫しました。

　編曲した全ての曲に、コードネームを付け、前奏・後奏は、主に曲の最後の 4
小節ないし 2 小節を使用するよう楽譜に記し、おすすめしています。また歌詞は
1 番のみを、楽譜の中に記しました。

おかえりのうた

天野 蝶 作詞
一宮道子 作曲
武石宣子 編曲

おべんとう

天野 蝶 作詞
一宮道子 作曲
武石宣子 編曲

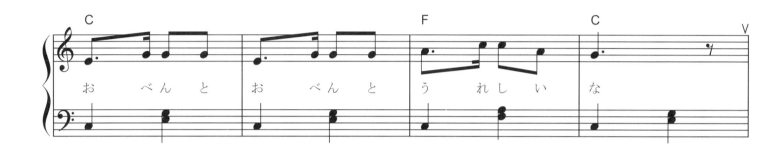

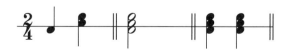

あめふりくまのこ

大きなたいこ

サッちゃん

阪田寛夫 作詞
大中 恩 作曲
武石宣子 編曲

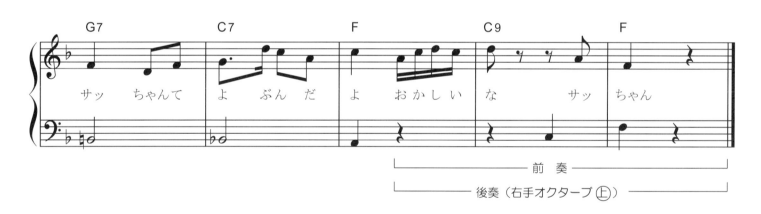
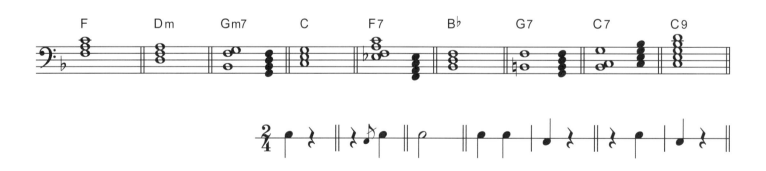

思い出のアルバム

小鳥のうた

与田準一 作詞
芥川也寸志 作曲
武石宣子 編曲

― 前奏 ―

後奏（右手オクターブ上）

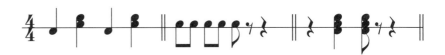

一年生になったら

まどみちお 作詞
山本直純 作曲
武石宣子 編曲

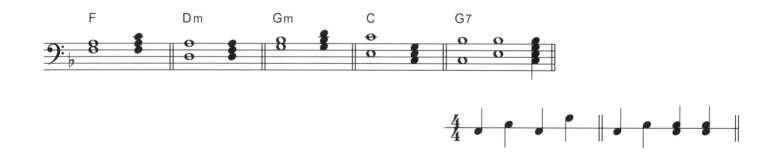

山のワルツ

香山美子 作詞
湯山 昭 作曲
武石宣子 編曲

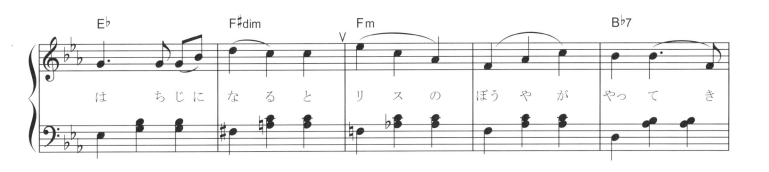
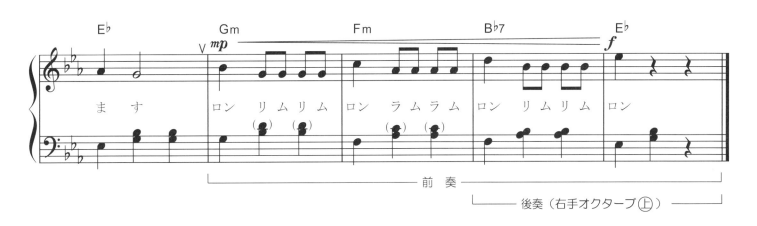
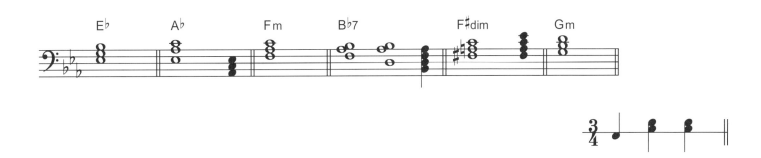

とけいのうた

筒井敬介 作詞
村上太朗 作曲
武石宣子 編曲

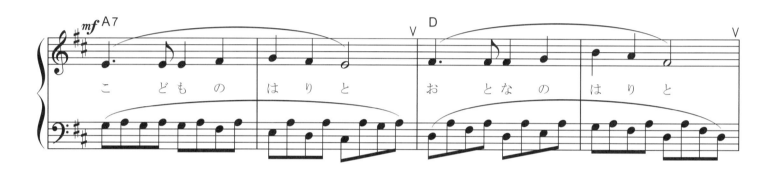
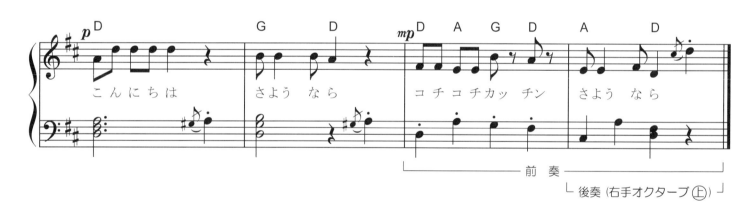

著者略歴

武石　宣子：国立音楽大学（リトミック専攻）卒業、同大学院（音楽教育専攻）修了。
　　　　　　洗足学園音楽大学講師、桜美林大学講師、和泉短期大学専任講師・准教授・教授を歴任。
　　　　　　現在、和泉短期大学特任教授。
　　　　　　著書に「楽しいリトミックレッスン」、「リトミック・ダンス（カノン編１）（カノン編２）」、
　　　　　　「子どもの運動教育の理論と展開―Eurhythmics（リトミック）教育の源流をめぐって―」
　　　　　　（いずれも共同音楽出版社）その他単著、共著、論文多数。
　　　　　　「音楽人となる以前に豊かな人間を育てる」をモットーに、対象者に芸術的な感動を与え身
　　　　　　体的表現への興味や意欲を呼び起こす指導に情熱を燃やしている。

表紙デザイン：有限会社ねころのーむ

動きのイメージが広がる保育現場のための 音楽表現＆弾きうたい
2018年3月30日初版発行
2021年1月20日第3版発行
編著者　武石宣子 ©2021
発行者　豊田治男
発行所　株式会社共同音楽出版社
　　　　〒171-0051　東京都豊島区長崎3−19−1
　　　　電話03−5926−4011
印刷製本　株式会社ムレコミュニケーションズ
充分注意しておりますが、乱丁・落丁は本社にてお取替えいたします。

日本音楽著作権協会（出）許諾第1803012-003号　　　D

皆様へのお願い
　楽譜や歌詞・音楽書などの出版物を著作権者に無断で複製（コピー）することは、著作権の侵害（私的利用など特別な場合を除く）にあたり著作権法により罰せられます。
　また、出版物からの不法なコピーが行われますと出版社は正常な出版活動が困難となり、ついには皆様方が必要とされるものも出版できなくなります。
　音楽出版社と日本音楽著作権協会（JASRAC）は著作権の権利を守り、なおいっそう優れた作品の出版普及に全力をあげて努力してまいります。
どうか不法コピーの防止に、皆様方のご協力をお願い申し上げます。
　　　　　　　　　　　　　　　　株式会社共同音楽出版社
　　　　　　　　　　　　　　　　一般社団法人日本音楽著作権協会